Der Kinematograph in seinen Beziehungen ⋆ zum Urheberrecht ⋆

Von

Dr. iur. Alfred Bertram

München und Leipzig 1914
Verlag von Duncker & Humblot

Inhaltsverzeichnis.

	Seite
§ 1. Einleitung	9
Abschnitt 1. Der Schutz gegen den Kinematographen	18
§ 2. Der durch das Kunstschutzgesetz gegen kinematographische Wiedergabe gewährte Schutz	18
§ 3. Der durch das Literargesetz gegen die Anfertigung der Films gewährte Schutz	23
§ 4. Der durch das Literargesetz gegen die Projektion des Films gewährte Schutz	44
Abschnitt 2. Der Schutz für den Kinematographen	50
§ 5. Der Film als photographische Schöpfung	50
§ 6. Der Film als geistige Schöpfung	53
§ 7. Schluß	64

Literatur-Übersicht.

Actes de la conférence = Actes de la conférence, réunie à Berlin du 14 octobre au 14 novembre 1908. Berne Bureau de l'Union internationale littéraire et artistique 1909.

Allfeld: Der Entwurf eines Gesetzes zur Ausführung der revidierten Berner Übereinkunft, in Deutsche Juristen-Zeitung 15, 1902.

Allfeld Literargesetz = Allfeld: Kommentar zu den Gesetzen vom 19. Juni 1901 betr. das Urheberrecht an Werken der Literatur und der Tonkunst und über das Verlagsrecht. München, C. H. Beck, 1902.

Cohn = Cohn: Kinematographenrecht, Vortrag, gehalten in der Juristischen Gesellschaft zu Berlin am 12. Juni 1909. H. von Decker's Verlag.

Daude = Daude: Die Reichsgesetze über das Urheberrecht an Werken der Literatur und der Tonkunst und das Verlagsrecht vom 19. Juni 1901. Berlin, J. Guttentag, 1910.

Dernburg, bürgerliches Recht = Dernburg, Das bürgerliche Recht des Deutschen Reichs und Preußens, Bd. VI, herausgeg. von Kohler, Halle 1910.

Droit d'auteur = Le droit d'auteur, Organe officiel du Bureau de le L'Union internationale pour la protection des œuvres littéraires et artistiques. Berne.

Eger: Phonograph und Urheberrecht, in Archiv für das bürgerliche Recht, Bd. XVIII, 1900.

Elster = Elster: „Freie Benutzung" oder „Bearbeitung" zwischen Schriftwerk und Kinodrama, in Gewerblicher Rechtsschutz und Urheberrecht 17, 1912.

Goldbaum: Das kinematographische Urheberrecht, in Juristische Wochenschrift 41, 1912.
Kinobuch, Das. Leipzig, Kurt Wolff-Verlag, 1914.
Kohler = Kohler: Urheberrecht an Schriftwerken und Verlagsrecht. Stuttgart, Ferd. Enke, 1906.
Kohler, Autorschutz = Kohler: Das literarische und artistische Kunstwerk und sein Autorschutz. Mannheim, I. Bensheimer, 1892.
Kohler: Kunstwerkrecht. Stuttgart, Ferd. Enke, 1908.
Maugras u. Guégan = Maugras et Guégan: Le cinématographe devant le droit. Paris, V. Giard & E. Brière, 1908.
May = May: Das Recht des Kinematographen. Berlin, Richard Falk, 1912.
May: Der Kinematograph und das Recht am eigenen Bilde, in Gewerblicher Rechtsschutz und Urheberrecht 17, 1912.
Mitteis = Mitteis: Zur Kenntnis des literarisch-artistischen Urheberrechts nach dem österreichischen Gesetz vom 26. Dezember 1895. Stuttgart, J. G. Cotta, 1898.
Müller, Ernst: Das Deutsche Urheber- und Verlagsrecht, 2. Band. München, J. Schweitzer Verlag, 1907.
Osterrieth: Bemerkungen zum Entwurf eines Gesetzes, betr. das Urheberrecht an Werken der Photographie, in Gewerblicher Rechtsschutz und Urheberrecht 7, 1902.
— Die Revision der Berner Übereinkunft und die deutsche Urheberrechtsgesetzgebung, in Deutsche Juristen-Zeitung 14, 1909.
Osterrieth, Kunstschutzgesetz = Osterrieth: Das Urheberrecht an Werken der bildenden Künste und der Photographie. Berlin, Carl Heymanns Verlag, 1907.
Poinsard: La propriété artistique et littéraire, Répertoire alphabétique. Paris 1912.
Prenner: Urheberrechtliche Gedanken über die kinematographische Dichtung, in Allgemeine österreichische Gerichts-Zeitung 63. 1912.
Riezler: Deutsches Urheber- und Erfinderrecht. Erste Abteilung, München und Berlin, J. Schweitzer, Verlag, 1909.
Spieß, Kritische Bemerkungen = Spieß: Kritische Bemerkungen zum Entwurf eines Gesetzes betr. das Urheberrecht an Werken der bildenden Künste und der Photographie. Schöneberg-Berlin, Meisenbach, Riffarth & Co., 1906.

Treitel: Das kinematographische Urheberrecht, in Juristische Wochenschrift 41, 1912.
— Urheberrecht und Kinematographie, in Gewerblicher Rechtsschutz und Urheberrecht 17, 1912.
Verhandlungen des Reichstags, 11. Legislaturperiode, 2. Session 1905/06, Drucksache Nr. 30 (Entwurf eines Gesetzes, betr. das Urheberrecht an Werken der bildenden Künste und der Photographie) und Nr. 448 (Kommissionsbericht dazu).
— 12. Legislaturperiode, 2. Session 1909/11, Drucksache Nr. 341 (Ausführungsgesetz zur revidierten Berner Übereinkunft).
Wolf-Czapek = Wolf-Czapek: Die Kinematographie, Wesen, Entstehung und Ziele des lebenden Bildes. Berlin, Union Deutsche Verlagsgesellschaft, 1911, 2. Aufl.

§ 1.
Einleitung.

Der Kinematograph und das Urheberrecht sind beide Kinder des vergangenen Jahrhunderts. Der Kinematograph dankt seine heutige Gestaltung einer im Jahre 1895 von den Brüdern Lumière zu Lyon gemachten Erfindung [1]). Der Kinematograph ist ein Apparat zur Abbildung einer bewegten Szene durch möglichst schnelle Aufnahme einer Reihenfolge von Momentphotographien auf einem langen Bilderband oder Film und durch ebenso schnelle Vorführung der auf lange Zelluloidstreifen übertragenen Kopien mittels Projektion [2]).

Dem Urheberrecht in reiner, unverfälschter Form, befreit von der Auffassung als Druckprivileg oder Verlegerschutz begegnen wir zunächst in dem preußischen Gesetz vom 11. Juni 1837.

---

1) Näheres über die Geschichte des Kinematographen s. bei Wolf-Czapek, vgl. auch Cohn S. 5.
2) Vgl. Cohn S. 5, sowie die Definition bei Maugras und Guégan, S. 15.

Das Urheberrecht als subjektives Recht ist die Befugnis, über die Ergebnisse des eigenen geistigen Schaffens ausschließlich zu verfügen; das Urheberrecht im objektiven Sinne ist der Inbegriff der Normen, die sich mit diesem Recht befassen [3]).

Auf die vielen Streitfragen über das Wesen des Urheberrechts näher einzugehen, kann nicht Aufgabe dieser Arbeit sein.

Abzulehnen ist die u. a. von Laband und Otto Mayer vertretene sog. staatsrechtliche Theorie, die das Urheberrecht dem Privatrecht streitig machen und es als Reflexwirkung alter Nachdrucksverbote auffassen will. Übertragbarkeit des Urheberrechts und der 4. „Rechtsverletzungen" betitelte Abschnitt der Gesetze beweisen seinen selbständigen Charakter. Das Urheberrecht ist vielmehr ein absolutes, d. h. gegen jeden Störer wirkendes, auf Anerkennung durch jedermann gerichtetes Recht an einem unkörperlichen Gegenstande. Die Unkörperlichkeit des Gegenstandes sowie die zeitliche Beschränkung des Urheberrechtes lassen, neben manchem anderem, den Ausdruck „geistiges Eigentum" als schief erscheinen.

Im wesentlichen dreht sich heute die Frage darum, ob das Urheberrecht ein Vermögensrecht an einem unkörperlichen Gut, ein Immaterialgüterrecht ist, neben dem ganz unabhängig davon für die Person

---

3) Vgl. Riezler, S. 1.

des Autors noch ein Persönlichkeitsrecht oder Individualrecht besteht [4]) oder ob unter dem Gesamtnamen „Urheberrecht" vermögensrechtliche und persönlichkeitsrechtliche Elemente sich vermischen. Unsere Gesetzgebung scheint auf dem Boden der letzteren sog. monistischen Theorie zu stehen [5]).

Die Beziehung zwischen dem Kinematographen und dem Urheberrecht sind nicht gleichzeitig mit dem Auftreten des ersteren entstanden, sondern erst als der Kinematograph aufhörte, ein Werkzeug in der Hand der Gelehrten [6]) und ein Spielzeug in der des Kindes zu sein [7]) und, von der Großindustrie getragen, einen Siegeszug in die breiten Volksmassen unternahm, da fing die Gesetzgebung an, sich mit ihm zu beschäftigen.

Da der Titel dieser Arbeit lautet: Der Kinematograph in seinen Beziehungen zum Urheberrecht, so kann hier nicht eingegangen werden auf die mannigfachen Fragen, die die Kinematographie dem Juristen auf dem Gebiete des öffentlichen Rechts aufgibt. Die Konzessionsfrage, die polizeilichen Sicherheitsvorschriften, die Filmzensur, das sog. Kinderverbot, die Besteuerung der Kinematographentheater

---

4) So namentlich Kohler S. 1 ff.
5) Vgl. Riezler S. 18 ff.
6) Maugras und Guégan S. 15: La cinématographie est sortie tout entière des laboratoires.
7) Vgl. Cohn S. 7.

scheiden aus der Behandlung aus. Ebenso können keine Beachtung finden die nicht dem Urheberrecht angehörigen privatrechtlichen Gebiete, z. B. der Rechtsverkehr zwischen Filmfabrikant, Filmverpachter und Theaterbesitzer. Auch der Konflikt zwischen Kinematographie und Recht am eigenen Bilde[8]) wird hier nicht erörtert werden, da das Recht am eigenen Bilde als reines Persönlichkeitsrecht mit dem Urheberrecht nichts zu tun hat.

In der Urheberrechtsgesetzgebung finden wir den Kinematographen zuerst in dem 1902 veröffentlichten Entwurf eines Gesetzes betreffend das Urheberrecht an Werken der Photographie[9]). Hier wird das Verbot des Schaustellens von Photographiewerken durch Projektionsapparate usw. trotz des Dafürstimmens der Sachverständigen noch abgelehnt, weil es sich um wenige, an sich schwer abzugrenzende Gattungen von photographischen Werken handele, welche für die Vorführung nutzbar gemacht werden können. Ferner gehe es nicht an, zugunsten dieser besonderen Arten für das ganze Gebiet der Photographie ein Aufführungsverbot zu statuieren, das auch der einfachen Schaustellung von Bildern, z. B. in Schau-

---

[8]) Vgl, hierzu Cohn S. 19 ff., May S. 124 ff. und in GRU 17 1912, S. 324 ff.
[9]) Vgl. Reichsanzeiger v. 21. Juli 1902.

fenstern, sehr lästige Beschränkungen auferlegen würde [10]).

Als dann wegen der inneren Verwandtschaft dieser Entwurf, vereinigt mit dem zum Schutze an Werken der bildenden Künste, dem Reichstag vorgelegt wurde unter dem Titel: Entwurf eines Gesetzes betr. das Urheberrecht an Werken der bildenden Künste und der Photographie [11]), da ist dem Wunsche zahlreicher Interessenten nachgekommen, deren Bilder durch Vorführung mittels des Kinematographen, Mutoskopen usw. in wirtschaftlicher Verwertung beeinträchtigt worden waren, und dem Urheber in § 15 die ausschließliche Befugnis zu geben, das Werk gewerbsmäßig mittels mechanisch-optischer Einrichtungen vorzuführen.

Diese Fassung soll zum Ausdruck bringen — so sagt der Entwurf wörtlich —, daß nur solche gewerbsmäßige Vorführungen in Betracht kommen, bei denen einmal mechanische Einrichtungen, z. B. Kinematographenmechanismen, bestätigt werden und ferner eine besondere optische Wirkung, z. B. durch ein Projektionsobjektiv, erreicht werden soll. Beide Merkmale müssen zusammenfallen, die gewöhnliche

---

10) Dagegen schon Osterrieth: Bemerkung zum Entwurf eines Gesetzes betr. das Urheberrecht an Werken der Photographie in GRU. 7, 1912, S. 364 ff.

11) Verhandlungen des Reichstags, 11. Legislaturperiode, 2. Session 1905/06, Drucksache Nr. 30.

Schaustellung eines Bildes mittels des Stereoskopen fällt deshalb nicht unter die Vorschrift, wohl aber z. B. die Projektion mittels des Nebelapparates. Wenn diese Vorschrift auch in erster Linie nur für photographische Werke praktisch werden kann, so ist sie doch auch für die Werke der malenden und zeichnenden Kunst nicht ganz ohne Bedeutung; sie soll deshalb auch für sie gelten.

Auf Antrag der Reichstagskommission wurde zwischen „mechanisch - optische Einrichtung" das Wort „oder" eingeschoben, um die künftige Entwicklung der mechanischen und optischen Vorführungseinrichtungen zu berücksichtigen [12]). Für die Kinematographie das bei weitem wichtigste gesetzgeberische Ereignis war jedoch die Berliner Urheberrechtskonferenz vom 13. November 1908. War man bisher nur auf den Schutz der Erzeugnisse von Literatur, Wissenschaft und Kunst gegen die Kinematographie bedacht gewesen, so hielt hier zum erstenmal der Gesetzgeber auch schirmend seine Hand über deren Schöpfung. Zwar stellte die französische Regierung an die Konferenz zuerst nur das Ersuchen um Schutz gegen kinematographische Ausbeutung. Sie folgte hierin einer von der Association littéraire et artistique internationale in ihrem avant-projet de

---

[12]) Verhandlungen des Reichstags, 11. Legislaturperiode, 2. Session 1905/06, Drucksache Nr. 448.

revision gegebenen Anregung ¹³): Es également considérée comme illicite la reproduction d'une oeuvre sur des organes, interchangeables ou non, destinés a l'exécution ou à la projection de cette oeuvre au moyen d'instruments mécaniques, tels que — les cinématographes. Die französische Regierung schlug daraufhin zum Schlußprotokoll Nr. 1 vor: Les auteurs d'oeuvres littéraires et artistiques auront, dans les pays d'Union, dans lesquels leurs oeuvres sont protégées par la présente Convention, le droit exclusif:

1. d'autoriser la reproduction de leur oeuvre sur des organes destinées à la projection de cette oeuvre par la photographie ou tout autre procédé analogique;

2. d'en autoriser la représentation publique au moyen de ces procédés ¹⁴).

Die Kommission der Konferenz brachte diesen Vorschlag in folgende Fassung: Les auteurs d'oeuvres littéraires, scientifiques ou artistiques ont le droit exclusif d'autoriser la reproduction et la représentation publique de leurs oeuvres par la cinématographie und stellte ihn als Absatz 1 eines besonderen Artikels 14 ein, obwohl man auch vielleicht diesen Gedanken unter die im Artikel 12 getroffenen Adaptationen hätte bringen können. Allein es bestand bei der Kommission im Hinblick auf die außergewöhn-

---

13) Actes de la conférence S. 89.
14) Actes de la conférence S. 77.

liche Entwicklung der Kinematographie und zur besseren Aufklärung der beteiligten Kreise der Wunsch, den ganzen kinematographischen Stoff in einem Artikel zu regeln. Aus demselben Grunde ist der Absatz 3 des Artikels 14 geschaffen; Renault führt zu seiner Begründung an: Enfin, pour compléter le rapprochement établi entre les questions relatives aux cinématographes et les autres questions relatives aux oeuvres littéraires et artistiques il y aurait lieu d'introduire ici une disposition analogue à celle de l'article 2, alinéa 2, de notre projet. Un roman a été utilisé pour combiner les scénes d'un cinématographe: si ce travail a été fait sans le consentement du romancier, cela constitue une contrefaçon. Néanmoins, il n'y a pas de raison pour qu'un concurrent s'approprie impunément le travail du contrefacteur. C'est ce qui a été expliqué plus haut pour une traduction. Aus dieser Erwägung heraus wird dann bestimmt: Sans préjudice des droits de l'auteur de l'oeuvre originale, la reproduction par la cinématographe d'une oeuvre littéraire, scientifique ou artistique est protégée comme une oeuvre originale.

Dem im Absatz 1 ausgesprochenen Verbote der Aneignung fremder Schöpfung zu kinematographischen Zwecken entspricht jedoch der Schutz selbständiger kinematographischer Erzeugnisse: Denn: Par le cinématographe, on peut s'approprier une oeuvre littéraire; mais le cinématographe peut aussi servir à manifester une création — il y a là une oeuvre dramatique d'un certain genre qu'on ne doit pas pouvoir s'approprier impunément. Il ne s'agit pas de monopoliser une idée ou un sujet, mais de protéger la forme donnée a l'idée ou le devéloppement du sujet. Deshalb sagt Abs. 2: Sont protégées comme oeuvres littéraires ou artistiques les productions cinématographiques lorsque, par les dispositifs de la mise en scène ou les combinaisons des incidents représentés, l'auteur aura donné à l'oeuvre un caractère personnel et original.

Endlich erstreckt Absatz 4 diese Vorschriften auf die der Kinematographie ähnlichen Verfahren [15]).

Dieser Artikel 14 der revidierten Berner Übereinkunft bildet die Grundlage, auf der sich alle Beziehungen des Kinematograpen zum Ürheberrecht aufbauen; auf ihm fußen auch die in unserer Urheberrechtsgesetzgebung vorhandenen, durch das Ausführunggesetz zur Berner Übereinkunft vom 22. Mai 1910 getroffenen Bestimmungen. Der Entwurf hierzu wurde dem Reichstag vorgelegt mit einer ausführlichen Begründung, die im Laufe der Darstellung noch eingehend zu erörtern sein wird. Die

---

[15]) Vgl. hierzu in Actes de la conférence, Rapport de la Commission S. 264 ff.

Reichstagskommission hat an den auf die Kinematographie bezüglichen Vorschriften nichts geändert [16]).

Abschnitt 1.
Der Schutz gegen den Kinematographen.
§ 2.
Der durch das Kunstschutzgesetz gegen kinematographische Wiedergabe gewährte Schutz.

Die Einleitung schon zeigte uns [1]), daß die Beziehungen des Kinematographen zum Urheberrecht zwiefacher Natur sind.

Einmal kann die kinematographische Darstellung in urheberrechtlich geschützte Gebiete eingreifen; andererseits kann das kinematographische Erzeugnis selbst des Urheberrechtsschutzes bedürftig sein. Diese Doppelung ist Ausgangspunkt aller die Kinematographie behandelnden iuristischen Schriften.

Schon José Théry führt aus, que les épreuves cinématographiques sont des oeuvres d'art protégées par la loi de 1793; mais les épreuves cinématographiques peuvent, par contre, constituer une contrefaçon des scènes, qu'elles reproduisent [2]).

Maugras und Guégan sagen: En matière de contrefaçon cinématographique il y à lieu d'établir

---

16) Verhandlungen des Reichstags, 12. Legislaturperiode, 2. Session 1909/11, Drucksache Nr. 341 und 447.
1) Vgl. oben S. 14.
2) Vgl. Mercure de France 67, 1907, S. 139 ff.

une distinction: tantôt le cinématographe est contrefacteur, tantôt il est contrefait³).

Ebenso besprechen Renault⁴) und May⁵) ausführlich diesen Gegensatz.

In unserem Rechtsleben zerfällt das künstlerische Urheberrecht in zwei Gebiete, die abgegrenzt sind:
1. durch das Gesetz betr. das Urheberrecht an Werken der bildenden Künste und der Photographie vom 9. Januar 1907,
2. durch das Gesetz betr. das Urheberrecht an Werken der Literatur und der Tonkunst vom 19. Juni 1901.

Der Kinematograph kann nun eine Urheberrechtsverletzung herbeiführen durch unerlaubte Verwendung der durch diese Gesetze geschützten Gegenstände.

Für das Kunstschutzgesetz sind dies die in § 1 bis 3 aufgezählten Werke, also die der bildenden Künste und der Photographie, Bauwerke und Erzeugnisse des Kunstgewerbes. Sie alle sollen gegen kinematographische Wiedergabe geschützt werden, und deshalb behält der § 15 ihrem Urheber die ausschließliche Befugnis vor, sie gewerbsmäßig mittels mechanischer oder optischer Einrichtungen vorzuführen.

---

3) Vgl. Maugras und Guégan S. 40.
4) Actes de la conférence S. 264.
5) May S. 107.

Diese Bestimmung hat namentlich von seiten der Fachleute heftigen Tadel erfahren, nicht als ob man ihren Inhalt für ungerechtfertigt hielte, sondern weil ihre Form verfehlt erscheint.

Anlaß zu dieser Bestimmung gab — wie wir sahen [6]) — der Wunsch, Werke der Photographie zu schützen. Jedoch gerade für sie bleibt die Vorschrift ziemlich unanwendbar. Jede kinematographische Wiedergabe zerfällt in zwei Teile, in die Anfertigung des Films und in dessen Projektion. Die Anfertigung geschieht durch die Photographie. Gegen eine photographische Nachbildung seines Werkes war und ist aber der Urheber stets geschützt. Ferner bezweckt der Kinematograph — wie schon der Name besagt — Bewegungswiedergabe. Für die Vorführung eines einzelnen bestehenden Werkes der Photographie im Kinematographen oder Serienbilderapparat besteht keine technische Möglichkeit; denn diese setzt unter allen Umständen die Zerlegung des zu photographierenden Gegenstandes in eine fortgesetzte Serie von Einzelphasen voraus [7]).

Aus denselben Gründen ist die kinematographische Wiedergabe eines Werkes der bildenden Künste unmöglich. Den Urheber schützt auch hier ausreichend das Verbot gegen photographische Nach-

---

6) Über die Entstehungsgeschichte vgl. oben S. 12.
7) Vgl. Spieß: Kritische Bemerkungen S. 77.

bildung, selbst wenn etwa ausnahmsweise die Natur des Werkes sich dem Serienbilderapparate anpassen sollte, wie die von Wolf-Czapek erwähnten, von Cohn gegen Spieß angeführten Bilderserien des Uchatius [8]).

Für die Kinematographie bleibt von der Bestimmung demnach als Inhalt nur übrig — da die Werke der bildenden Künste und der Photographie sowohl wegen der technischen Unmöglichkeit als auch wegen des hinlänglichen Schutzes gegen die Photographie ausscheiden —, daß der Urheber von Serienbildern die ausschließliche Befugnis zur Vorführung stets behält, auch bei der Veräußerung des Bildstreifens, die ja eine Übertragung des Urheberrechts nach § 10 Absatz 4 Kunstschutzgesetz nicht in sich schließt. Somit entsteht der schon von Bruno Meyer [9]) mit Recht getadelte Zustand, daß der Verkauf der doch begrifflich zur Projektion gefertigten Serienbilder zu ihrer sinngemäßen Verwendung nicht berechtigt.

Doch von dem Film, seiner Projektion und seinem Schutze wird im anderen Zusammenhange ausführlicher zu reden sein.

Hier ist nur zu sagen, daß, da der Film eine Aneinanderreihung einer sehr großen Anzahl von Photographien ist, dort ein Eingriff in urheberrecht-

---

8) Vgl. Wolf-Czapek S. 44, Cohn S. 47 Note 186.
9) Zitiert bei Spieß S. 77.

liche Befugnisse durch den Kinematographen vorliegt, wo die Photographie unerlaubt ist. Allerdings ist die Verletzungsmöglichkeit beim Kinematographen, der Bewegungsphasen wiedergeben will, ungleich geringer. Andererseits wird man das, was dem photographischen Apparate zur Aufnahme freisteht, auch dem Kinematographen zur Anfertigung und damit nach § 20 Abs. 3 des Kunstschutzgesetzes auch zur Projektion des Films gewähren müssen.

Zwar möchte Cohn [10]) die dem Photographen freigestatteten Aufnahmen des § 23 Kunstschutzgesetz dem Kinematographen bestreiten; mit Recht jedoch wendet sich hiergegen May [11]), gestützt auf die Autorität Kohlers [12]). Den von Cohn gefürchteten Geschmacklosigkeiten, denen das bewegte Bild leichter als das unbewegliche anheimfallen kann, will May durch Anwendung des § 23 Abs. 2 begegnen.

Mit diesen Betrachtungen kommen wir aber bereits in das nur durch die Behandlung im gleichen Gesetze mit dem artistischen Urheberrecht verbundene Recht am eigenen Bilde, auf das hier nicht näher einzugehen ist [13]).

---

10) Vgl. Cohn S. 19.
11) Vgl. May S. 127.
12) Vgl. Kohler, Kunstwerkrecht, S. 163.
13) Vgl. oben S. 12 Note 8.

§ 3.
Der durch das Literargesetz gegen die Anfertigung des Films gewährte Schutz.

Das Literargesetz schützt die Urheber von Schriftwerken, Werken der Tonkunst, Abbildungen wissenschaftlicher und technischer Art und nach dem Ausführungsgesetz zur revidierten Berner Übereinkunft vom 22. Mai 1910 von irgendwie festgelegten choreographischen und pantomimischen Werken.

Zur kinematographischen Wiedergabe eignen sich besonders diese letzteren, gleichgültig, ob sie schriftlich oder sonstwie festgelegt sind, sodann Dramen, Erzählungen, Epen.

Die kinematographische Darstellung eines Schriftwerks, die sog. Verfilmung, erfordert dreierlei: das Stellen der bewegten, die Handlung des zu verfilmenden Werkes wiedergebenden Bilder, die Anfertigung des Films durch Photographieren dieser Bilder und dessen Projektion.

Nehmen wir z. B. an: Ein Filmfabrikant wolle von einer schriftlich festgelegten Pantomime eine kinematographische Darstellung geben. Er wird in der weitaus größten Mehrzahl der Fälle in seinen eigenen Ateliers durch dafür angeworbene Leute — häufig Schauspieler von Rang — das Werk vor dem aufnehmenden Apparat spielen lassen. Ist dieses Stellen der die Pantomime ausmachenden

Bilder an und für sich, d. h. ohne daß der Apparat in Tätigkeit tritt, eine Aufführung, wenn ja, eine öffentliche oder private? Aufführen heißt bei Schriftwerken, ein Werk derart kundgeben, daß andere Mittel als die bloße Vorlesung verwandt werden[1]). Aufführung von Bühnenwerken ist die Wiedergabe durch handelndes Auftreten von Personen[2]). Ohne in diesen beiden Definitionen eigentlich zum Ausdruck zu kommen, liegt doch in den Worten „kundgeben" bzw. „Wiedergabe", daß zu jeder Aufführung begrifflich Empfänger, d. h. ein Publikum, gehören. Dieses ist der kinematographische Apparat nicht, demnach ist das Stellen der Bilder an und für sich keine Aufführung, also erlaubt.

Zu dem Stellen der die Pantomime ausmachenden Bilder tritt die Fixierung auf dem Film und damit ein neuer iuristisch zu wertender Vorgang. Der Gang der die Pantomime bildenden Handlung wird dadurch jedem, der diesen Bildstreifen durch die Hände gleiten läßt, verständlich, auch ohne die Projektion, von der wir hier noch ganz absehen, ja vielleicht besser verständlich als bisher. Die Schrift — wir wählten eine schriftlich niedergelegte, also als Schriftwerk geschützte Pantomime — ist sinnbildliche Darstellung; die Sinnbilder der Buchstaben

---

1) Vgl. Kohler S. 183.
2) Vgl. Riezler S. 285.

setzt der Leser um in Vorstellungen. Der Film ist Darstellung ohne Sinnbildlichkeit; die Vorstellungen, die der Leser erst durch seine Phantasie erzeugt, begegnen dem Betrachter des Bildstreifens unmittelbar. Es handelt sich hier also — wie Prenner richtig erkennt [3]) — um eine Unterart der Festlegung ohne Sinnbildlichkeit. Die Umwandlung der schriftlich fixierten Pantomime in einen Film gibt das ursprüngliche Werk somit vollkommen wieder, allerdings in veränderter äußerer Form. An die Stelle der sinnbildlichen Schrift ist das sinnbildlose Bild getreten. Doch diese Umwandlung entzieht die Pantomime nicht der Herrschaft ihres Urhebers. Da die Bilder das Gebärdenspiel und die Bewegungen der Darsteller, also die Handlung und somit den wesentlichen Bestandteil der Pantomime wiedergeben, bleibt die Identität zwischen dem ursprünglichen Werke und dem Film durchaus bewahrt. Daher mußte man auch bereits vor dem 22. Mai 1910 die Anfertigung eines Films nach einer schriftlich fixierten Pantomime als einen Eingriff in eine urheberrechtlich geschützte Sphäre ansehen. Dieser Eingriff charakterisiert sich beinahe als Wiedergabe; ein Analogon dazu ist die sklavisch abhängige Dramatisierung eines

---

[3]) Vgl. Prennner: Urheberrechtliche Gedanken über die kinematographische Dichtung in Allgemeine Österreichische Gerichtszeitung 63, 1912, S. 441, und Kohler S. 173.

Romans durch Übertragung in Dialogform. Da das Original unter Wahrung der Identität mit unerheblichen Änderungen wiedergegeben wird, so handelt es sich um eine Bearbeitung, allerdings eine solche niedersten Ranges [4]).

Die Anfertigung des Films ohne Urhebererlaubnis ist also eine unerlaubte Bearbeitung, deren Vervielfältigung und öffentliche Aufführung der Urheber wie beim Original verbieten kann. Den Anfertiger treffen alle im 4. Abschnitte des Gesetzes für die Verletzung der ausschließlichen Urheberbefugnisse vorgesehenen Folgen.

Nächst der Pantomime lockt das Drama am meisten zur Verfilmung, denn auch hier ist bewegte Handlung. Das Stellen der Szenenbilder eines Dramas vor dem Apparat ist aus den bereits angeführten Gründen keine Aufführung. Dem Drama folgen Erzählung und Epos. Das Auflösen einer Erzählung in einer die Handlung wiedergebenden Bilderreihe ist noch keine dem § 12 Nr. 3 Literaturgesetz zuwiderlaufende Bearbeitung, da verlangt werden muß, daß die Bearbeitung ein Werk im Sinne des § 1 sei, was auf die Kette lebender Bilder nicht zutrifft. Ist nun die Fixierung auf dem Film eine unerlaubte Bearbeitung, d. h. gibt sie das Werk in seiner Identität mit nur unwesentlichen Änderungen wieder?

---

4) Vgl. Allfeld, Literargesetz, S. 124, und Daude S. 37.

Bei der Beantwortung dieser Frage ist zu bedenken, daß bei der Bearbeitung und Vervielfältigung eines Schriftwerkes, d. h. eines durch die Schrift mitteilbaren Geisteserzeugnisses [5]), nicht wieder ein Schriftwerk zu entstehen braucht [6]). Die Vervielfältigung braucht sich keineswegs als Aufzeichnung an den Gesichts- oder Tastsinn (Blindenschrift) zu richten, um erst mittels Betätigung des Intellekts in die wahrnehmbare Erscheinung umgesetzt zu werden; vielmehr fällt darunter auch die Schaffung eines Gegenstandes, der ohne solche Vermittlung automatisch oder mittels fortgesetzter rein-äußerlicher Handgriffe die Originalschöpfung zur Wiedergabe bringt.

Diese Ausführung scheint entscheidend für die Annahme zu sprechen, daß ebenso wie bei der Pantomime so auch bei Drama und Erzählung der die Handlung wiedergebende Film eine Wiedergabe des Werkes sei. Und doch besteht zwischen Pantomime und Drama ein großer Unterschied. Die Pantomime hat Handlung, die nur durch die Gebärde zum Ausdruck gebracht wird; ihre schriftliche Fixierung ist nebensächliches, die Inszenierung erleichterndes Beiwerk, eine bloße Gebrauchsanweisung. Dem Drama und der Erzählung sind wesentlich das Wort. Und blicken wir auf die zuerst so verheißungsvollen Ge-

---

5) Vgl. Riezler S. 219, Allfeld, Literargesetz, S. 46.
6) Vgl. RG. 22, S. 174, 27, 60, und L. Eger, Phonograph und Urheberrecht in Archiv für bürgerliches Recht 18, 1900.

richtsurteile, so beziehen sich diese auf Phonographen. Die Wiedergabe des Schriftwerkes durch diese Apparate erfolgt nun — wie auch beim Kinematographen — ohne Sinnbildlichkeit; auch dem Lesensunkundigen, aber Sprachkundigen wird das Werk mitgeteilt, und zwar in derjenigen Form, die ihm sein Urheber gegeben. Schriftwerk ist das durch die Sprache eigenartig gestaltete Geisteserzeugnis[7]), und die Sprache, also die dem Schriftwerk wesentliche Form, ist es, die der Phonograph wiedergibt. Ganz anders der Kinematograph. Hier fällt die Sprache fort. Träger des Geisteserzeugnisses ist nicht mehr das Wort, sondern das Bild. Wiedergegeben wird nicht mehr die individuelle Form, in die der Urheber seine Gedanken gegossen hat, sondern die Kette äußerer Begebenheiten, die teils den Anlaß zu diesen Gedanken geben, teils deren Folge sind. Kann man somit die Wiedergabe der nackten Tatsachen, der bloßen Geschehnisse, entkleidet ihrer vom Autor ihnen umgehängten Worthülle, überhaupt noch als Wiedergabe des Werkes unter Wahrung der Identität ansprechen, oder ist hier etwas Neues geschaffen, das mit dem alten nur die Tatsachen noch gemein hat.

Diese Frage leitet uns über zu einer kurzen

---

7) Vgl. Riezler S. 218, Allfeld, Literargesetz, S. 14.

Untersuchung, wieweit ein Schriftwerk Gegenstand des Urheberrechts sein kann.

Nicht ist natürlich Gegenstand des Urheberrechts das Werk als körperliche Substanz, ebensowenig der Stoff, das Sujet, der Vorwurf, die Fabel. Jedermann kann z. B. den Gedanken, daß die Welt betrogen sein will, zur dichterischen Darstellung bringen, ohne darum an Eulenbergs gleichnamigem Schwank eine Urheberrechtsverletzung zu begehen. Auch genießt keinen Schutz das gewählte Ausdrucksmittel die äußere Form an sich. Schutz findet vielmehr nur das Werk als geformter Gedankeninhalt [8], als ein künstlerisches Gebilde der Sprache [9]. Und zwar müssen wir, anders als das Gesetz, bei der Zuerkennung des Schutzes unterscheiden zwischen Darstellung belehrenden, wissenschaftlichen Inhalts und rein-ästhetischen Schriften [10]. Bei beiden ist die Idee nicht geschützt, der Stoff, den sie behandeln, ist frei, jeder kann ihn verwerten. Was geschützt ist, das ist der Gedankeninhalt nach seiner äußeren und inneren Form [11], ist die individuelle Art und Weise, in der der Ausdruck sich dem Gedanken anpaßt. Ausdrucksmittel = äußere Form und innere Form = Stil

---

[8] Vgl. Riezler S. 214.
[9] Vgl. Kohler S. 128.
[10] Vgl. Kohler, Autorschutz, S. 7.
[11] Vgl. Kohler S. 146.

= Eigenart[12]) der Gedankenfolge sind eng miteinander verwandt und doch verschieden. Das Ausdrucksmittel kann durch Übersetzung ein anderes werden. Die innere Form, die Formgebung bleibt dieselbe und sie ist es, die allein bei wissenschaftlichen Werken Urheberschutz genießt. Die in dem Werke der Wissenschaft ruhenden Gedanken sind formell ästhetisch und genießen in dieser Form Schutz.

Tiefer geht das Autorrecht — wie Kohler mehrfach ausführt[13]) — bei belletristischen Werken. Von ihnen können wir hier ausscheiden das lyrische Gedicht, das schwerlich der Verfilmung anheimfallen wird. Erzählung, Epos, Drama werden am ehesten dieses Schicksal erleiden. Sie alle haben den Zweck, die Idee der Menschheit zu offenbaren durch richtige und tiefgefaßte Darstellung der Charaktere und durch Erfindung bedeutsamer Situationen, an denen sie sich entfalten[14]). Dabei werden Charaktere und Handlungen in Wechselwirkung stehen. Die Durchführung und Zeichnung der Charaktere ist das Wesentliche, diese ist jedoch unmöglich ohne Geschehnisse, in denen die Charaktere sich zeigen. Die zugrundeliegenden Menschheitsideen, z. B. der Kampf des einzelnen gegen den Unverstand der Masse bei

---

12) Vgl. Kohler S. 143.
13) Vgl. Kohler S. 147, Autorschutz S. 29.
14) Vgl. Schopenhauer, Welt als Wille und Vorstellung, Bd. I, S. 296. (Ausgabe Deußen.)

Ibsens „Volksfeind", der Widerstreit zwischen der hohen Aufgabe und der Sinnenliebe bei der „Jungfrau von Orleans" usw. sind Gemeingut. Die Art und Weise jedoch, wie im Einzelfall der Charakter sich mit ihnen abfindet, an Schicksalsfügungen reift, von diesen zerschmettert wird, ist Gut des Dichters. Ihm ist darum ein Urheberrecht zuzugestehen an der Form, in der seine Charaktere sich bilden durch die ihnen entgegentretenden Begebenheiten [15]). Gegenstand des Schutzes bei den poetischen Geisteswerken sind darum die Charaktere und Begebenheiten in ihrem wechselseitigen Einwirken aufeinander. Nicht sind es die einzelnen Charaktere [16]), auch nicht die einzelnen von den Charakteren losgelösten Geschehnisse, sondern eben ihre gegenseitige Beziehung, die durch den Charakter jeder Person bedingte Handlung und die Wirkung dieser Handlung in ihren Folgen auf die Person.

Diese Untersuchung hat uns gezeigt, wo die Grenzen liegen für das Urheberrecht an Geisteswerken und damit die Erkenntnis der Fälle möglich gemacht, wo gegen deren Überschreitung gesetzgeberischer Schutz erforderlich ist. Die kinematographische Wiedergabe einer Dichtung läßt zwar das Wort und damit das eigentliche Ausdrucksmittel

---

15) Vgl. Kohler, Autorschutz, S. 96.
16) Vgl. Kohler, Autorschutz, S. 96.

der Dichtung wegfallen, aber sie vermag doch sehr wohl die Handlung der Personen und deren Stellung zu den auf sie einstürmenden Ereignissen uns darzustellen; sie läßt das Verhältnis zwischen dem äußeren Geschehen und den dieses ausfüllenden Bildern des menschlichen Tuns und Leidens unberührt [17]. Damit gibt sie die neben dem Wort wichtigste Zeichnung der Charakterentwicklung wieder und bemächtigt sich eines urheberrechtlich geschützten Gegenstandes. Die Anfertigung eines Films nach einer Dichtung ist also ebenfalls ein Eingriff in die Urheberbefugnisse durch mittelbare Aneignung, d. h. Bearbeitung. Diese schon vor der Ergänzung unseres Gesetzes durch die revidierte Berner Übereinkunft von Cohn geäußerte Ansicht hat jetzt ihre gesetzliche Bestätigung gefunden durch § 12 II, Nr. 6 Literargesetz. Die Einfügung von Nr. 6 war also nicht unumgänglich notwendig, da die Wissenschaft die Lücke schon ausgefüllt hatte; daß sie aber zum mindesten wünschenswert war, ist unten [19] des Näheren ausgeführt.

Zur Bestärkung dieser Meinung dürfte von Interesse sein ein flüchtiger Blick auf die Judikatur Frankreichs, des Mutterlandes der Kinematographie, wo daher denn auch der Kinematograph zuerst zum

---

17) Vgl. Mitteis, Zur Kenntnis des literarisch-artistischen Urheberrechts, S. 191.
18) Vgl. Cohn S. 29.
19) Vgl. unten S. 37.

Urheberrecht in Beziehung getreten bzw. mit ihm in Konflikt geraten ist.

Die Urheberbefugnisse behandelt hier das „Décret relatif aux droits de propriété des auteurs d'écrits en tout genre, des compositeurs de musique, des peintres et dessinateurs du 19.—24. juillet 1793". Es sichert den Urhebern „le droit exclusif de vendre, faire vendre, distribuer leurs ouvrages"; als Ergänzung ist heranzuziehen der Artikel 425 des Code pénal: toute édition d'écrits, de compositions musicales, de desseins, de peinture ou de toute autre production imprimée ou gravée, en entier ou en partie, au mépris des lois et règlements relatifs à la propriété des auteurs est une contrefaçon et toute contrefaçon est un délit.

Ist die kinematographische Wiedergabe eine édition, kann somit die unerlaubte eine contrefaçon sein? Editer une oeuvre — so definiert Poinsard [20]) — c'est la communiquer au public en la reproduisant à un certain nombre [21]) par un procédé de multiplication quelconque.

Das für die Kinematographie wichtigste Urteil ist das des tribunal civil de la Seine 1. chambre vom

---

20) Vgl. Poinsard, La propriété artistique et littéraire, Répertoire alphabétique, Paris 1910, S. 104.

21) Bei uns genügt ein Exemplar.

7. Juli 1908 [22]), das sich auf eine ganze Reihe von Verfilmungen erstreckte, so u. a. Gounods Faust und Courtelines Lustspiel Boubourouche.

Die Urteilsbegründung führt aus, das Gesetz wolle extensiv interpretiert werden, und jedwede wie immer geartete Veröffentlichungsweise sei darin einzubegreifen. Daher müsse auch der kinematographische Film, der in einer Reihenfolge von Photographien den Entwicklungsgang eines Schriftwerkes für alle verständlich und gleichsam ablesbar wiedergebe, als édition angesehen werden. In Übereinstimmung mit den vorhergehenden Ausführungen erstreckt sich auch nach französischem Recht das Urheberrecht zwar nicht auf die Fabel, wohl aber auf das wechselseitige Einwirken von Begebenheiten und Charakteren. Attendu, sans doute, qu'un auteur ne saurait revendiquer un droit exclusif de propriété sur une idée prise en elle-même, celle-ci appartenant, en réalité, au fonds commun de la pensée humaine, mais qu'il n'en saurait être de même lorsque, par la composition du sujet, l'arrangement et la combinaison des épisodes, l'auteur présente au public une idée sous une forme concrète et lui donne la vie; que la création, sur laquelle un auteur dramatique peut prétendre à un droit de propriété privative, consiste, en

---

22) Vgl. Droit d'auteur 21, 1908, S. 118, auch Théry im Mercure de France 74, 1908, S. 702, und Actes de la conférence S. 264.

dehors de la forme matérielle qu'il donne à cette conception, dans l'enchaînement des situations et des scènes, c'est-à-dire dans la composition du plan, comprenant un point de départ, une action et un dénouement; que toute atteinte portée à ce monopole d'exploitation, sous quelques forme qu'elle se dissimule, constitue la contrefaçon [23]).

Die oben hervorgehobene, durch Wegfall des Wortes entstandene Schwierigkeit hat auch bei den französischen Gerichten Bedenken erregt. Im Falle des Courtelineschen Lustspieles „Boubourouche" erklärte das Berufungsurteil der Cour de Paris 1. chambre vom 12. Mai 1909 [24]), daß die Originalität des Lustspieles in seiner Charakteranalyse, in den feingeschliffenen Dialogen liege; dies könne durch einen stummen Mechanismus nicht wiedergegeben werden, nur das als Gemeingut anzusehende Sujet werde dargestellt und daran wäre eine contrefaçon nicht möglich. Dieses Urteil ist von der Cour de Cassation, Chambre des requêtes in der Sitzung vom 27. Juni 1910 [25]) bestätigt worden, jedoch mit einer Begründung, die erkennen läßt, auch der Kassationshof hält im allgemeinen trotz Fehlens der Sprache die kinematographische Darstellung für eine unerlaubte

---

23) Vgl. das bereits angeführte Urteil.
24) Vgl. Droit d'auteur 23, 1910, S. 81.
25) Vgl. Droit d'auteur 23, 1910, S. 142.

Vervielfältigung. Die Gründe lauten: Attendu que, si le droit de propriété d'auteur s'étend à la reproduction de ses oeuvres par un procédé mécanique, notament au moyen du cinématographe, il faut tout au moins que par la choix du sujet, la composition et le développement des scènes, l'oeuvre représentée puisse être considérée comme une contrefaçon de l'oeuvre originale. Das Urteil fährt dann fort, daß das Sujet schon vor Courteline Gemeingut gewesen sei und stellt fest, daß nach dem Berufungsurteil auch — abgesehen vom Dialog — zwischen den Szenenbildern wesentliche Unterschiede beständen, so daß nach Ansicht der Cour de Paris eine contrefaçon ausgeschlossen sei. Da ihr eine Tatsachenprüfung nicht vorliegt, muß die Cour de Cassation das Berufungsurteil bestätigen. Immerhin liegt in dem Kassationsurteil keine Verneinung unserer Ansicht. Ob die Cour de Paris mit ihrem Spruche in diesem Einzelfall recht hat, mag außer Betracht bleiben. Der Umstand, daß bei Vorliegen desselben Sujets und derselben Komposition und Entwicklung auch der Kassationshof eine contrefaçon für gegeben ansieht, wird auch diejenigen beruhigen, die seinerzeit das Urteil der Cour de Paris lebhaft angriffen. So namentlich die Association littéraire et artistique internationale auf ihrem Kopenhagener Kongreß. Das von ihr geforderte „droit privatif inviolable de l'auteur sur la structure, la charpente de sa pièce, sur l'enchaînement des scènes" wird durch dieses Urteil sichergestellt [26]).

Für die französische Rechtsprechung gilt heute unbestritten das, was bei der Bestätigung des Urteils des tribunal civil de la Seine das Berufungsgericht von Paris vom 10. November 1909 sagte: Il est constant que le film, présenté au public et composé à l'aide d'une succession de photographies est une édition au sens de la loi de 19.—24. juillet 1793 [27]).

Immerhin geben die ausführlichen Überlegungen, die anzustellen waren, ehe wir zu dem Ergebnis gelangten, daß die Filmanfertigung ein Eingriff in die Urheberbefugnisse sei, dem Entwurf zum Ausführungsgesetze der revidierten Berner Übereinkunft recht, wenn er sagt: Ob schon gegenwärtig in Deutschland der Urheber eines literarischen Werkes wie einer Erzählung oder eines Dramas gegen die Übertragung eines solchen Werkes in eine kinematographische Darstellung Schutz genießt, erscheint zum mindesten zweifelhaft, da es sich hier um eine von den gewöhnlichen Ausdrucksmitteln literarischer Werke wesentlich verschiedene Form der Darstellung handelt (oben ist gezeigt worden, daß diese Verschiedenheit keinen Grund gab, das Schriftwerk dem Kinematographen schutzlos preiszugeben. Der Verf.). Der Rechts-

---

26) Vgl. Droit d'auteur 22, 1909, S. 97, 99.
27) Vgl. Droit d'auteur 23, 1910, S. 42.

schutz — so fährt der Entwurf fort —, der gemäß jener Vorschrift des Unionrechts den Urhebern der übrigen Verbandsländer für ihre literarischen Werke zukommt [28]), darf aber auch der inländischen Literatur nicht vorenthalten werden. Der Entwurf sieht demgemäß in Artikel 1 Nr. 3 = § 12 Nr. 6 eine Ergänzung unseren inneren Rechtes vor: Die Befugnisse des Urhebers erstrecken sich insbesondere auf die Benutzung eines Schriftwerkes zu einer bildlichen Darstellung, welche das Originalwerk seinem Inhalte nach im Wege der Kinematographie oder eines ihr ähnlichen Verfahrens wiedergibt. Eingereiht ist diese Vorschrift in den die Bearbeitungen behandelnden Paragraphen.

Die Bearbeitung steht in der Mitte zwischen solchen Erzeugnissen, deren Veränderungen gegenüber dem Original so geringfügig sind, daß es sich trotz ihrer um eine in wesentlich identischer inhaltlicher Fassung erfolgte Wiedergabe und damit um eine rein mechanische Vervielfältigung des Originals handelt einerseits und solchen Schöpfungen andererseits, deren Veränderung von solcher Bedeutung sind, daß von einer unter Verwertung des gegebenen Inhaltes des Originals vorgenommenen, auf eigener geistiger Tätigkeit beruhenden selbständigen Verarbeitung des vorhandenen Stoffes in durchaus indi-

---

28) Vgl. S. 14 ff.

vidueller Formgebung und mithin von freier Benutzung zur Hervorbringung einer eigentümlichen Schöpfung gesprochen werden kann [29]).

Die Bearbeitung ist also dem Verfasser vorbehalten, jedoch genießen auch die wider seinen Willen erfolgten Bearbeitungen Rechtsschutz, sofern sie nur eine individuelle geistige Tätigkeit aufweisen [30]). Ob die Bearbeitung rechtmäßig oder unrechtmäßig ist, kommt für ihre Fähigkeit, Gegenstand des Urheberrechts zu sein, nach deutschem Recht nicht in Betracht [31]). Wenn auch bei der Verfilmung, z. B. einer Pantomime oder eines vorwiegend aus bewegter Handlung bestehenden Schauerdramas, die geistige Tätigkeit des Verfilmenden nicht allzuhoch zu veranschlagen sein wird, wird man doch das so entstandene Werk als schutzwürdige Bearbeitung gelten lassen können, und in der Mehrzahl der Fälle wird ein solches auch wirklich vorliegen, da der Wegfall des Wortes meist doch Umwandlungen nach sich zieht, die das Ergebnis eigener formgebender Tätigkeit sind. Die den Personen in den Mund gelegte Exposition muß durch geschickte Bilder eingewoben werden, die Umstellung mancher Szenen ist erforderlich, um einen halbwegs leidlichen Ausgleich zu bringen zwischen zwei ihrem Wesen nach so ver-

---

29) Vgl. RGSt. 42, S. 390.
30) Vgl. Allfeld, Literargesetz, S. 124.
31) Vgl. Riezler S. 234.

schiedenen Dingen, wie ein Drama und eine Reihenfolge belebter Bilder. Denn — wie Pinthus richtig ausführt [32]) — ist das Wesentliche der Schaubühne Entwicklung eines Schicksals, ausgedrückt durch das Wort; das Wesentliche des Kinostückes unterhaltsames Milieu, belebt durch handgreifliche Handlung, ausgeführt durch Bewegung und Geste. Aus dieser Erkenntnis heraus lehnt er die sog. Verfilmung von Dramen durchaus ab und fordert eigene, der Technik des Kinematographen angepaßte Werke, von denen später noch zu reden sein wird.

Mit der Annahme, die Anfertigung eines Films sei eine urheberrechtlich nach § 2 Literargesetz geschützte Bearbeitung, versöhnen wir auch sonst leicht mögliche Widersprüche. Einmal müßten wir der Bilderfolge doch den ihr als Werk der Photographie nach dem Kunstschutzgesetz zukommenden Schutz gewähren, zweitens fällt der von Goldbaum [33]) bemerkte Gegensatz zwischen unserem Recht und der Berner Übereinkunft dadurch in sich zusammen. Die Übereinkunft schützt in Absatz 3 des Artikels 14 [34]) die Wiedergabe eines Werkes aus dem Bereich der Literatur, Wissenschaft oder der Kunst mittels der Kinematographie wie ein Originalwerk, unbeschadet

---

32) Vgl. Das Kinobuch, Leipzig 1914, S. 2.
33) Vgl. Goldbaum, Das kinematographische Urheberrecht in Jur.W. 41, 1912, S. 669.
34) Vgl. oben S. 16.

der Rechte des Urhebers am Original, während bei uns derjenige keinen Schutz genießt, der ein Werk der Literatur oder Wissenschaft unbearbeitet wiedergibt (anders § 15 Abs. 2 Kunstschutzgesetz). Wohl aber hat der Bearbeiter als Urheber der Bearbeitung die Rechte des Urhebers gegen jeden Verletzten [35]).

Die ohne den Willen des Originalurhebers geschehene Verfilmung ist somit schutzfähig, jedoch unrechtmäßig; zur rechtmäßigen Anfertigung eines Films ist also die Erlaubnis des Verfassers des zu verfilmenden Werkes notwendig, wie Treitel richtig erkennt [36]). Der Verwertung des unrechtmäßig angefertigten Films kann vom Verfasser des Schriftwerkes widersprochen werden.

Das Recht der Erlaubnis steht allein dem Urheber zu; selbst bei Übertragung des Urheberrechts verbleibt ihm mangels anderer Vereinbarung diese Befugnis (§ 14 Nr. 5 Literargesetz), so daß nicht einmal der Verleger die Verfilmung gestatten kann (§ 2 Abs. 2 Nr. 5 Verlagsgesetz), da es sich hier um eine Verwertung handelt, die nicht zu den verlagsmäßigen Arten der Vervielfältigung gerechnet werden kann [37]).

---

35) Vgl. Riezler S. 234.
36) Vgl. Treitel, Das kinematographische Urheberrecht in Jur.W. 41, 1912, S. 569, und in GRU. 17, 1912, S. 123.
37) Verhandlungen des Reichstags, 12. Legislaturperiode, 2. Session, 1909/11, Drucksache Nr. 341.

Derjenige also, der ohne Erlaubnis des Urhebers nach einem Drama oder einer Erzählung ein Film herstellt, setzt sich den in Abschnitt 4 des Gesetzes niedergelegten zivilen und strafrechtlichen Folgen aus.

Die Bearbeitung war — wie wir gesehen haben [38]) — die Mittelstufe zwischen einfacher Wiedergabe und freier Benutzung, letztere von der Bearbeitung zu trennen, wird jetzt unsere Aufgabe sein. Die Unterscheidung der ohne Zustimmung des Urhebers des Originales unzulässigen Bearbeitung desselben und seiner erlaubten freien Benutzung ist nach Dernburg [39]) um deswillen so schwierig, weil es sich nur um Verschiedenheiten des Grades handelt und beides ineinander übergeht. Und doch wird der Versuch gemacht werden müssen, eine Grenzlinie zu ziehen. Gegenstand des Urheberrechts war nach unseren obigen Ausführungen [40]) noch die wechselseitige Einwirkung von Charakteren und Begebenheiten aufeinander. Von der freien Benutzung wird vor allem zu verlangen sein, daß dieses Verhältnis nicht das gleiche ist wie im Originalwerke. Bei Erfüllung dieser Bedingung dürfte man am ehesten geneigt sein, das so entstandene Werk als eigentümliche, vollen urheberrechtlichen Schutz genießende

---

38) Vgl. oben S. 38.
39) Vgl. Dernburg, Bürgerliches Recht, Bd. 6, S. 81.
40) Vgl. oben S. 30.

Schöpfung anzusprechen. Ihr diesen zuzubilligen, wird man sich auch nicht abhalten lassen durch die von Elster [41]) mit Recht als wenig glücklich getadelte Formulierung Riezlers. Riezler will allerdings mit dem angegriffenen Satze woh kaum sagen, daß die Fälle des § 12 Literargesetz unbedingt dem Verfasser vorzubehalten seien, auch wenn der Kinematograph eine eigentümliche, durch freie Benutzung entstandene Schöpfung erzeugt habe. Dagegen spricht seine Ausführung, daß nie der Stoff, sondern nur die individuelle Formgestaltung Gegenstand des Urheberrechts sei [42]). Klarer als die mißverständlicher Deutung leicht ausgesetzten Worte Riezlers sind die Dernburgs: Alles das (zu § 122 Abs. 2 Gesagte) gilt aber nicht, wenn nur derselbe Gegenstand gewählt, wenn bloß einer Anregung Folge gegeben, auch dann nicht, wenn selbst unter Benutzung einzelner Bausteine des älteren Werkes eine völlig eigentümliche Schöpfung ins Leben gerufen ist [43]). Das Hauptkriterium dafür, wann nur einzelne Bausteine benutzt und wann das ganze dichterische Gebäude nachgebaut worden ist, haben wir oben darzulegen versucht.

Die Fälle freier Benutzung eines Schriftwerkes zur kinematographischen Wiedergabe werden stets

---

41) Vgl. Elster, „Freie Benutzung" oder „Bearbeitung" zwischen Schriftwerk und Kinodrama in GRU. 17, 1912, S. 363 ff.
42) Vgl. Riezler S. 293.
43) Vgl. Dernburg, Bürgerliches Recht, Bd. 6, S. 80.

einen verschwindend kleinen Teil bilden. Immer werden die Verfilmungen Stützpunkte des Angriffs gegen den Kinematographen sein, nicht nur für den Juristen, sondern für jeden Menschen von Geschmack. Will der Kinematograph sich diesen Angriffen entziehen, so mag er sich dem von Pinthus [44]) ihm gezeigten Kinostück zuwenden oder besser noch die Wege gehen, die ihm Wolf-Czapeks besonnenes Buch im 9. Abschnitt „Die Anwendungen des lebenden Bildes" weist [45]).

§ 4.
Der durch das Literargesetz gegen die Projektion des Films gewährte Schutz.

Die Anfertigung des Films ist nur eine Seite der kinematographischen Darstellung, die andere, uns bei weitem geläufigere, ist die Projektion des Films, um einer möglichst großen Zahl von Menschen gleichzeitig seine Kenntnis zu vermitteln.

Die iuristische Eingliederung der Filmprojektion ist darum Aufgabe dieses Paragraphen.

Die gesonderte Behandlung dieser Frage mag auf den ersten Blick überflüssig erscheinen, da man einwenden könnte, daß nach den obigen Ausführungen ja schon die Anfertigung des Films unerlaubt sei. Jedoch sind sehr wohl Fälle denkbar, in denen zwar

---

44) Vgl. Das Kinobuch, Leipzig 1914.
45) Vgl. Wolf-Czapek S. 110 ff.

die Anfertigung gestattet, die Projektion aber verboten ist. Bereits in anderem Zusammenhange ist dargelegt worden, daß zu dem Begriff der Aufführung nicht die Sprache gehört[1]). Auch die Kostümierung gehört nicht zum Wesen der Aufführung, das am treffendsten herausgearbeitet wird von Allfeld[2]): Aufführung ist das Auftreten von Personen, welche handelnde Menschen darstellen und sich hierbei des Ausdrucksmittels der Sprache, des Gesanges oder der Gebärde bedienen, um wirkliche oder gedachte Begebenheiten als sich gegenwärtig vollziehende Handlung darzustellen.

Das Charakteristische der Aufführung liegt in dem Gegenwartsmoment, liegt in der dem Zuschauer geschaffenen Illusion, die Verkörperung der dramatischen Gedanken sei wirkliche augenblickliche Handlung. Und diese Illusion schafft ebenfalls die kinematographische Darstellung. Was sie durch ihre Flächennatur verliert an Wirklichkeitsmomenten, das kann sie auf der anderen Seite durch Naturtreue wieder einholen, man denke nur an Massenszenen usw. Ob die Personen unmittelbar in Fleisch und Blut oder mittelbar im Bilde vor uns hintreten, das kann der Darstellung nicht den Charakter der Aufführung geben oder nehmen. Jede Aufführung bezweckt, dem

---

1) Vgl. oben S. 24.
2) Vgl. Allfeld, Literargesetz, S. 117.

Auge des Zuschauers eine Welt des Scheines vorzuführen, und eine Scheinwelt ist — wie Elster überzeugend dartut — sowohl die Theateraufführung wie das kinematographische Projektionsbild. Daß die Mittelbarkeit oder Unmittelbarkeit der Wahrnehmung kein Merkmal für das Vorliegen einer Aufführung sei, hat für die Wiedergabe von Tonwerken durch den Phonographen Eger [3]) aufgestellt. Diesen Gedanken spinnt Cohn [4]) treffend für die von den handelnden Personen ausgehenden Lichtwellen weiter. Die Bedenken über den Wegfall des Wortes sind an anderer Stelle beigelegt worden, so daß nichts mehr im Wege steht, die kinematographische Projektion als Aufführung zu bezeichnen. Dieser Standpunkt wird auch von Kohler vertreten [5]): So wenig ein kinematographisches Werk ein dramatisches ist, so sehr kann die kinematographische Nachahmung eines wirklichen Dramas eine aufführende Wiedergabe sein, die eben nicht durch die regelmäßigen Mittel der Aufführung, sondern durch Ersatzmittel erfolgt.

Mit Recht greifen daher Maugras und Guégan ein Urteil der Cour d'appel de Pau vom 18. November 1904 an [6]), das besagt, die kinematographische Projektion könne nicht mit einer Aufführung identi-

---

3) Vgl. Eger in Archiv für bürgerliches Recht Bd. 18, S. 290 ff.
4) Vgl. Cohn S. 13.
5) Vgl. Kohler S. 184, s. auch S. 175 oben.
6) Vgl. Maugras und Guégan S. 100.

fiziert werden, da das Wort fehle und die Bewegungen durch das Fortrücken des Films bewirkt würden. Die gegen dieses Urteil vorgebrachten Einwände sind durchaus stichhaltig; auch hat die übrige französische Rechtsprechung sich auf einen der Ansicht des Urteils durchaus entgegengesetzten Standpunkt gestellt.

Das bereits zitierte Urteil des tribunal civil de la Seine führt aus [7]: que si la projection cinématographique est, en l'absence de dialogue, assurément impuissante à reproduire, dans toutes ses finesses et ses nuances, l'analyse de caractères, l'étude psychologique auxquelles se serait livré l'auteur d'une oeuvre dramatique, elle peut cependant, dans certains cas, tout en ne reproduisant que des scènes mimées d'ordre purement matériel, constituer une réprésentation dans les termes de la loi des 13.— 19. janvier 1791, si elle fait revivre devant les yeux du spectateur à l'aide du développement de tableaux successifs, l'oeuvre de l'auteur. Auch die conférence des avocats de Paris hat auf die Frage: Le fait de reproduire en public, par des vues cinématographiques, des oeuvres dramatiques du domaine privé constitue-t-il une représentation illicite de ces oeuvres au sens de la loi du 19. janvier 1791 et de l'article 428

---

[7] Vgl. oben S. 34.

du Code pénal? einmütig mit ja geantwortet [8]). Nach deutschem und französischem Recht ist somit die kinematographische Projektion eines dramatischen Films einer Aufführung gleich zu erachten. Die Kinematographie kann also gegen das Gesetz betreffend das Urheberrecht an Werken der Literatur und der Tonkunst in zweifacher Weise verstoßen:

1. durch die unerlaubte Anfertigung eines Films, die einer Bearbeitung gleichsteht,
2. durch die unerlaubte Projektion eines Films, die einer Aufführung gleichsteht.

Für Frankreich formuliert dies José Théry folgendermaßen: Donc par le cinématograph une double atteinte peut être portée aux droits des auteurs:

1. contrefaçon, résultante de la seule fabrication de la bande cinématographique, qui constitue une véritable édition.
2. représentation illicite par projection en public de cette bande [9]).

Allerdings ist nicht jede Aufführung des Films, sondern nur die öffentliche verboten (§ 11 Abs. 2 Literargesetz). Auf die Streitfrage einzugehen, wann eine öffentliche, wann eine private Aufführung vorliegt, ist hier nicht der Ort.

---

8) Vgl. Droit d'auteur 21, 1908, S. 40.
9) Vgl. Théry in Mercure de France 74, 1908, S. 702.

Unser Gesetz redet bei der Projektion dramatischer Films nicht von Aufführung, sondern von Vorführung (§§ 37, 38, 41) mit der Begründung, die Wahl des Ausdrucks „Vorführung" statt „Aufführung" beruhe auf dem Sprachgebrauch des Kunstschutzgesetzes [10]). Darüber, ob diese Anpassung an die Terminologie des Kunstschutzgesetzes im Literargesetze eine innere Berechtigung hat, kann man nach dem oben Gesagten zweifeln.

Der Gesetzgeber hat vermutlich den Ausdruck „Vorführung" deshalb gewählt, weil es Bilder sind, die sich dem Auge darbieten. Aber hier scheint denn doch der Gesetzgeber allzusehr am Körperlichen gehaftet zu haben. Zwar sind es Bilder, aber diese Bilder rufen in ihrem Zusammenhange und in ihrer Aufeinanderfolge die Illusion einer gegenwärtig sich abspielenden Handlung hervor, was nie bei der Vorführung von Werken der bildenden Künste eintritt.

Nur wegen der Mittelbarkeit der Wahrnehmung dieser Handlung aus der „Aufführung" eine „Vorführung" machen zu wollen, erscheint kaum gerechtfertigt.

---

10) Vgl. Verhandlungen des Reichstags, 12. Legislaturperiode, 2. Session 1909/11, Drucksache 341.

Abschnitt 2.
Der Schutz für den Kinematographen.
§ 5.
Der Film als photographische Schöpfung.

Aufgabe der bisherigen Ausführung ist es gewesen, die dem Schutze der Gesetze vom 9. Januar 1907 und 19. Juni 1901 unterworfenen Gegenstände vor kinematographischer Wiedergabe zu sichern.

Doch auch das kinematographische Erzeugnis selbst bedarf des Schutzes gegen fremde Ausbeutung.

Zur mißbräuchlichen Benutzung eines Films führen vornehmlich zwei Wege: einmal wird der Film selbst durch die Photographie wiederholt, und zwar kann dies geschehen durch Kopieren des Negativs oder Photographieren des Films, oder die im Film dargestellte Handlung wird wiederholt und danach ein neuer Film gefertigt [1]).

Der Film ist, um bei dem Sinnenfälligsten zu beginnen, eine große Reihe von photographischen Bildern. An jedem dieser Bilder und damit am ganzen Film hat der Filmfabrikant ein photographisches Urheberrecht gemäß § 1 Kunstschutzgesetz und damit alle im § 15 Kunstschutzgesetz vorgesehenen Befugnisse [2]). Der Urheber des Films allein kann

---

1) Vgl. Cohn S. 47 Note 188.
2) Vgl. Treitel, Das kinematographische Urheberrecht in Jur.W. 41, 1912, S. 570.

die Erlaubnis zur Vervielfältigung und Vorführung geben. Auch hier ist eine doppelte Einwilligung vonnöten; die rechtmäßige Vervielfältigung ermächtigt als solche noch nicht zur Vorführung³). Jedoch ist derjenige, der unerlaubtermaßen durch photographische Aufnahme eines fremden Films einen neuen Film erzeugt, mit allen Rechten des Urhebers ausgestattet, die er allerdings nur mit Einwilligung des ersten Urhebers ausüben darf (§ 15 Abs. 2 Kunstschutzgesetz). Er hat ein abhängiges Urheberrecht⁴); die kinematographische Freibeuterei macht haftbar und strafbar, aber nicht rechtlos und vogelfrei. Hingegen genießt derjenige, der das Negativ eines Films unerlaubt kopiert, also keine selbständige Aufnahme macht, keinen Urheberrechtschutz⁵).

Der andere Weg zur Ausnutzung eines fremden Films war der, daß die dargestellte Handlung in neuen bewegten Bildern wiedergegeben und danach eine Photographie gemacht wurde.

Ein Filmfabrikant z. B. wohnt der Vorführung eines Films bei, läßt in seinem Atelier durch seine Leute genau dieselben Szenen spielen und diese aufnehmen. Zuerst ist zu fragen, ob das Stellen der

---

3) Vgl. dazu den Fall Mesguich im Droit d'auteur 18, 1905, S. 72. Die Entscheidung wird zu Unrecht angegriffen von Maugras und Guégan S. 114.
4) Vgl. Goldbaum, Das kinematographische Urheberrecht in Jur.W. 41, 1912, S. 669.
5) Vgl. Osterrieth, Kunstschutzgesetz, S. 125.

Bilder bereits eine unerlaubte Vervielfältigung des Bildes ist. Die Antwort lautet: nein, da lebende Bilder keine Kunstwerke im Sinne des § 1 Kunstschutzgesetz sind, folglich auch nicht Nachbildung von solchen sein können. Wohl aber ist die Fixierung des nach einem Kunstwerke gestellten lebenden Bildes durch den Pinsel des Malers oder durch die strahlende Energie eine Nachbildung des Originals [6]. Der so entstandene Film ist also eine unerlaubte Vervielfältigung. Nehmen wir das von Renault gegebene Beispiel [7]: Ein Filmfabrikant habe das Leben der Maria Stuart in einem Film dargestellt, so begeht sein Konkurrent mit der genauen bildmäßig getreuen Wiedergabe und Aufnahme der Bilder einen Eingriff in das photographische Urheberrecht des ersten.

Die Befugnisse des Urhebers eines Films gleichen also denen, die der Photograph hat, aber mit einer Abweichung. Bei der Kinematographie ist die öffentliche Vorführung der gewerbsmäßigen gleichgestellt. Um diese keineswegs belanglose Vorschrift zu verstehen, ist ein kurzes Eingehen auf die Bedeutung der Begriffe „gewerbsmäßig" und „öffentlich" im Urheberrecht erforderlich. Kohler [8] und Riezler [9]

---

6) Vgl. Kohler, Autorschutz, S. 60 ff.
7) Vgl. Actes de la conférence S. 265.
8) Vgl. Kohler S. 181.
9) Vgl. Riezler S. 69.

stimmen darin überein, daß auf dem Gebiete des Urheberrechts der Begriff „gewerbsmäßig" weit zu fassen und darunter jede Verwertung zu verstehen ist, die nicht lediglich für den persönlichen oder häuslichen Gebrauch des einzelnen erfolgt. Beide nehmen dann konsequenterweise an, daß Gewerbsmäßigkeit und Öffentlichkeit sich beinahe deckende Begriffe sind, daß die gewerbsmäßige Verbreitung ihr Analogon fände in der öffentlichen Aufführung[10]), daß die Öffentlichkeit den Schluß auf die Gewerbsmäßigkeit gestatte[11]). Jedoch ist diese Ansicht bestritten, so z. B. von Allfeld. Durch die im Ausführungsgesetz zur Berner Übereinkunft erfolgte Gleichsetzung der beiden Begriffe für die Kinematographie ist dieser Ungewißheit ein Ende gemacht; dadurch steht fest, daß die ohne Einwilligung des Urhebers vor einem großen Publikum bei einem wissenschaftlichen Vortrag erfolgte Vorführung rechtmäßig hergestellter Bilder widerrechtlich ist[12]).

§ 6.
Der Film als geistige Schöpfung.

In dem zuletzt erwähnten Falle[1]) war die genaue bildmäßig getreue Wiedergabe nach einem fremden

---
10) Vgl. Riezler S. 285, und Kohler S. 185.
11) Vgl. Riezler S. 429.
12) Vgl. Riezler S. 429.
1) Vgl. oben S. 52.

Film ein Eingriff in das photographische Urheberrecht des ersten Filmanfertigers; stellt jedoch der Konkurrent die Bilders anders, so kann von einer Nachbildung nicht mehr die Rede sein, obwohl genau dieselben Szenen aus dem Leben der Maria Stuart in genau demselben Zusammenhang wiedergegeben werden. Es sind eben andere Bilder, der erste Film als photographisches Erzeugnis ist nicht mehr angegriffen, wohl aber die ihm zugrundeliegende Handlung. Mit Recht wurde es aber auf der Berliner Urheberrechtskonferenz als unbillig angesehen, daß diejenige geistige Arbeit vollkommen schutzlos bleiben sollte, die — um bei unserem Beispiel zu bleiben — in der Auswahl der für das Leben der Maria Stuart bedeutungsvollsten und zugleich für die kinematographische Wiedergabe wirksamsten Episoden lag[2]). Diese Erwägung führte zum Absatz 2 des Artikels 14 der Berner Übereinkunft und dann zum § 15 a unseres Kunstschutzgesetzes. Der § 15 a lautet:

Ist ein im Wege der Kinematographie oder eines ihr ähnlichen Verfahrens hergestelltes Werk wegen der Anordnung des Bühnenvorganges oder der Verbindung der dargestellten Begebenheiten als eine eigentümliche Schöpfung anzusehen, so erstreckt sich das Urheberrecht auch auf die bild-

---

2) Vgl. Actes de la conférence S. 265.

liche Wiedergabe der dargestellten Handlung in geänderter Gestaltung. Der Urheber hat die ausschließliche Befugnis, das Werk öffentlich vorzulegen.

Voraussetzung des Rechts auf geänderte bildliche Wiedergabe ist also ein kinematographisches Werk, das sich als eigentümliche Schöpfung erweist durch Anordnung des Bühnenvorgangs oder Verbindung der dargestellten Begebenheiten[3]); diese beiden Elemente können getrennt oder vereint miteinander auftreten.

Unter Anordnung des Bühnenvorganges ist zu verstehen die Art und Weise, in der wirkliche oder gedachte Begebenheiten als sich gegenwärtig vollziehende Handlungen dargestellt werden im Rahmen eines zu diesem Zwecke hergerichteten Raumes (Bühne). Die Bühnenanordnung setzt nicht notwendig die Erfindung des Sujets voraus, wohl aber begreift sie eine verständnisvolle Bilderauswahl in sich[3]). Der Ausdruck „Anordnung des Bühnenvorgangs" zeigt ferner, daß dramatische Films gemeint sind, Films, bei denen durch die Handlung eine Charakterzeichnung und -entwicklung der auftretenden Personen gegeben wird. Ist diese Handlung in ihrer bildlichen Darstellung eine eigene geistige Arbeit, so erhält das Werk einen über den

---

3) Vgl. Droit d'auteur 21, 1909, S. 79.

Bildschutz hinausgehenden Schutz. Nicht nur die sklavische Kopie ist verboten, sondern jegliche Abänderung gilt als unerlaubt, die die innere Form des Werkes wiedergibt, wenn auch die äußere Form der Bilder eine andere ist.

Die andere Voraussetzung für diese Erweiterung des Filmschutzes ist eine durch Verbindung der dargestellten Begebenheiten eigentümliche Schöpfung. Hier ist an erster Stelle zu denken an diejenigen Films, deren Aufnahme nicht in Ateliers, d. h. mit bühnenmäßigem Apparat stattgefunden hat, sondern wo die wirkliche Welt direkt mit den handelnden Personen in Verbindung gebracht ist, so z. B. wenn der von der Polizei verfolgte Held der Geschichte in rasender Flucht seine Rettung sucht und nun wirklich durch Straßen und Bäche, über Gräben und Hecken dahinstürmt. Jedoch ist das handelnde Auftreten von Personen in der Wirklichkeit nicht das alleinige und genügende Element für die Schutzwürdigkeit. In dem unten [4] noch näher zu besprechenden Fall Doyen treten ebenfalls Personen in Wirklichkeit auf; bei einer Darstellung z. B. des Werdeganges des Eisens kann man das Metall von seiner Gewinnung durch die Bergleute an bis zur Verwendung als Stahlträger durch den Baumeister vorführen, allenthalben wirklich handelnde Per-

---

[4] Vgl. unten S. 66.

sonen. Dennoch steht es jedem frei, seinerseits eine chirurgische Operation, Erzgruben, Hochöfen u. dgl. kinematographisch aufzunehmen, solange er keine Bildkopie liefert, sondern dieselbe Handlung durch andere Bilder wiedergibt. Denn die Operation, der Entwicklungsgang des Eisens usw. sind als Ideen nicht schutzfähig. Elster[5]) führt sehr treffend aus, daß eine Parforcejagd, bei der ein Reiter stürzt, nicht Dramatisches hat. Dieselbe Jagd, bei der dieser stürzende Reiter der Held einer Geschichte sei, die künstlerisch aufgebaut ist, würde zu einer ganz anderen Kunstgattung; sie erwürbe dadurch neben der darstellerischen auch die dramatisch-literarische Kunstqualität. Allerdings wird man an die verbindende Geschichte künstlerisch keine allzu hohen Ansprüche stellen dürfen. Selbst die bescheidenste Charakterzeichnung muß genügen, so daß Taillefer's herbe Kritik eines berechtigten Kerns nicht entbehrt[6]): Un photographe qui prend l'image de deux joueurs est protégé pour celle-ci, dans certains pays, pendant 5 ans seulement; mais s'il combine la mise en scène de ce jeu et s'il la reproduit en des photographies destinées à la cinématographie, il aura composé une „oeuvre littéraire ou artistique", amplement protégée.

---

5) Vgl. Elster in GRU. 17, 1912, S. 367.
6) Vgl. Droit d'auteur 22, 1909, S. 97.

Immerhin reichen die bloßen Geschehnisse nicht zur Begründung des Schutzes aus, vielmehr muß auch hier ein wechselseitiges Aufeinanderwirken von Begebenheiten und Charakteren gefordert werden. Da beim Kinematogramm die Charakterzeichnung durch das Wort wegfällt, diese ebenfalls nur durch Handlung geschehen kann, so wird hier die Verknüpfung der Handlung zum Gegenstand des Urheberrechts; unerlaubt ist derjenige Film, der unter geänderter Gestaltung der Bilder doch dieselbe Verknüpfung der Handlung, dieselbe Kombinationsidee [7]), wiedergibt.

Die Kombinationsidee aber ist nicht mehr ein Werk der bildenden Kunst, sie gehört vielmehr durchaus ins Gebiet der literarischen Kunst, wo wir ihr ja auch schon begegneten [8]). Daher kann auch der Begründung zum Entwurf des Ausführungsgesetzes [9]) nicht beigestimmt werden. Diese geht davon aus, daß das bisherige Recht nur das Bildwerk als solches, nicht die im Bilde dargestellte Handlung geschützt habe, und insofern gebreche es an der von der Berliner Konferenz geforderten Gleichstellung der kinematographischen Erzeugnisse

---

7) Vgl. Goldbaum, Das kinematographische Urheberrecht in Jur.W. 41, 1912, S. 669.

8) Vgl. oben S. 30 ff.

9) Verhandlungen des Reichstags, 12. Legislaturperiode, 2. Session 1909/11, Drucksache 341.

mit den Werken der Literatur. § 15a erstrecke deshalb den Schutz über das Bildwerk, die äußere Gestalt, in der die Handlung erscheint, hinaus auf die Handlung selbst. Die Bestimmung sei eine Erweiterung der dem Urheber nach § 15 zustehenden Befugnisse und analog der im Literargesetz als Nr. 6 des § 12 eingefügten Ergänzung. Soweit kann der Begründung vollkommen beigepflichtet werden, dann aber fährt sie wörtlich fort: Seinem Inhalte nach ist der neue Schutz von der Beschaffenheit, wie ihn das Urheberrecht für Werke der Literatur gewährt; die Erzeugnisse, für die er vorgesehen wird, fallen aber nicht unter das Gesetz vom 19. Juni 1901, und deshalb hat die neue Vorschrift ihren Platz im Kunstschutzgesetz, nicht im literarischen Urheberrechtsgesetz zu finden.

Dem muß widersprochen werden; es erscheint nicht richtig, die Einfügung einer Vorschrift zum Schutze von etwas so ausgesprochen Literarischem wie die Kombinationsidee abhängig zu machen von dem Wesen der Verkörperung, in der diese Kombinationsidee zufällig erscheint. Schon Allfeld[10]) wendet sich bei der Besprechung des Entwurfs gegen diese Placierung und möchte die Bestimmung im Literargesetze sehen. Das allzu starke in den Vorder-

---

10) Vgl. Allfeld, Der Entwurf eines Gesetzes zur Ausführung der revidierten Berner Übereinkunft in DJZ. 15, 1910, Sp. 278.

grundtreten des körperlichen Gegenstandes vor der in ihm enthaltenen Gedankendarstellung ist auch der Grund, weshalb Kohler[11]) das Kinematogramm, selbst wenn es eine Art dramatischen Wirkens ausmacht, stets als lediglich durch die Mittel der Bildniskunst wirkendes Sachdrama auffaßt, dessen Schutz dem Kunstwerkrecht angehöre. Gegen diese ihm nur durch den damaligen niedrigen Stand der Kinematographie erklärliche Auffassung Kohlers wendet sich mit Recht Elster[12]) in seinem bereits öfter herangezogenen Aufsatz. Daß der von ihm gemachte scharfe und energische Unterscheidungsstrich zwischen den tatsächlichen und den dramatischen Films auch von der Gesetzgebung gezogen würde, wäre sehr zu wünschen.

Die kraft der Verknüpfung der Handlung als eigentümliche Schöpfungen anzusehenden Films gehören ebenso wie die Verfilmungen ins literarische Urheberrecht; die Projektion dieser Films ist eine Aufführung im eigentlichen Sinne des Wortes[13]).

Würde man die dramatischen Films ins Gesetz vom 19. Juni 1901 hineinnehmen, so wäre damit zugleich eine Schwierigkeit beseitigt, die heute noch zu Zweifel aller Art veranlaßt. Es ist dies die

---

11) Vgl. Kohler S. 173.
12) Vgl. Elster in GRU. 17, 1912, S. 367.
13) Vgl. oben S. 44 ff.

Frage, ob die kinematographische Darstellung gegen Wiedergabe durch die Schrift geschützt ist.

In richtiger Erkenntnis des Wesens der Kinematographie hat man sich bemüht, von der Verfilmung der Wortdramen abzusehen und eigene, die Technik des Kinematographen berücksichtigende Werke zu schaffen, deren Hauptmerkmale Bildmäßigkeit, Hervortreten des Milieus und der Bewegung sind. Dadurch hat sich — wie Elster bemerkt [14]) — ein eigener Typus der Darstellung herausgebildet; Pinthus [15]) nennt ihn in dem bereits zitierten Kinobuche im Gegensatz zu der als Kinodrama angesprochenen Verfilmung das Kinostück; Prenner [16]) spricht von kinematographischer Dichtung. Diese Films genießen den erweiterten Urheberrechtschutz des § 15a gegen bildliche Wiedergabe in geänderter Gestaltung; noch weiter geht jedoch die Berner Übereinkunft, sie schützt sie in Artikel 14, Absatz 2 wie Werke der Literatur oder Kunst, verbietet also auch die Wiedergabe durch die Schrift.

Die Gültigkeit dieser Vorschrift in unserem Rechte ist bestritten, da wir einen entsprechenden

---

14) Vgl. Elster in GRU. 17, 1912, S. 366.
15) Vgl. Pinthus im Kinobuch S. 1 ff.
16) Vgl. Prenner, Urheberrechtliche Gedanken über die kinematographische Dichtung in Allgemeine österreichische Gerichtszeitung 63, 1912, S. 440 ff.

Paragraphen nicht haben [17]). May erkärt demnach auch die schriftliche Nacherzählung der vorgeführten Begebenheiten für erlaubt [18]), während Elster zu dem gegenteiligen Schluß kommt, indem er sagt: Ist aber nach § 12 Nr. 6 Literargesetz eine Bearbeitung eines Literaturwerks als Kinematogramm möglich, so muß nach dem gesunden Menschenverstand und den Sätzen der Logik auch die Bearbeitung eines Kinematogramms als Literaturwerk möglich sein. Dann aber muß der grundsätzliche Schutz des Urhebers nach der generellen Vorschrift des § 12 Abs. 1 sich auch auf solche Bearbeitung erstrecken.

Ausschlaggebend wird folgende Erwägung sein: Unser bisheriges Recht schützte Pantomimen nur, soweit sie schriftlich niedergelegt waren. Infolge der Berliner Urheberrechtskonferenz werden in § 1 Abs. 2 Literargesetz choreographische und pantomimische Werke auch dann wie Schriftwerke geschützt, wenn der Bühnenvorgang anders als schriftlich festgelegt ist. Grund für diese Erweiterung waren die Fortschritte der modernen Reproduktionstechnik, insbesondere der Kinematographie und ähnlicher Verfahren [19]). Der Verfasser einer solchen Pantomime hat also alle dem Urheber eines ge-

---

17) Vgl. Elster in GRU. 17, 1912, S. 366.
18) Vgl. May S. 114.
19) Vgl. Verhandlungen des Reichstags, 12. Legislaturperiode, 2. Session 1909/11, Drucksache Nr. 341.

schützten Werkes in §§ 11 und 12 gesicherten Befugnisse, namentlich auch die zur Wiedergabe eines Bühnenwerkes in der Form der Erzählung (§ 12 Nr. 3). Die Pantomime, bei der der Film gewissermaßen nicht Selbstzweck, sondern nur Festlegungsmittel zur Erleichterung von Wiederholungen ist, findet daher jedenfalls Schutz; derjenige Film dagegen, der seinem eigentlichen Zwecke der Projektion dient, kann deshalb doch nicht schutzlos sein. Nicht nur der körperliche Gegenstand ist hier völlig gleich (dem Bildstreifen kann man es nicht ansehen, ob er der Fixierung einer Pantomime dient oder ein selbständiges Dasein führt), vielmehr die zugrundeliegende geistige Schöpfung ist hier dieselbe; auch der eigentliche Film fußt auf einer Pantomime, deren Wiedergabe er ist.

Es ist also unmöglich, einen Unterschied zu machen zwischen einer kinematographisch festgelegten Pantomime, die den vollen Urheberrechtschutz des Literargesetzes findet, und einem dramatischen Film, ganz abgesehen von der Unbilligkeit, letzteren schutzlos zu lassen.

Nehmen wir z. B. an, die in dem Kinobuche niedergelegten Werke seien unter Umgehung der Schrift gleich im Film festgehalten worden. Würde man die Films für schutzlos gegenüber der Schrift erklären, so könnte jedermann durch Schilderung der Bilderfolge die dort gebotene geistige Schöpfung wiedergeben. Hätten aber die Verfasser ihr Werk als Pantomime bezeichnet, deren bloße Fixierung der Film sei, so erwüchsen ihnen aus dieser Namensänderung alle Befugnisse der Urheber von Schriftwerken.

Daß ein solcher Zustand nicht der Wille einer auf Schutz aller eigenen geistigen Arbeit gerichteten Urheberrechtsgesetzgebung sein kann, ist klar.

Um schriftlicher Wiedergabe vorzubeugen, wird man daher die dramatischen Films als kinematographisch fixierte Pantomimen aufzufassen haben, solange nicht der Wunsch von Allfeld in Erfüllung gegangen ist, der unter Hinweis auf die nahe Verwandtschaft zwischen dem kinematographisch erzeugten Bühnenvorgang und der choreographischen oder pantomimischen Darstellung die Vorschrift zum Schutze des ersteren der zum Schutze der letzteren angegliedert sehen möchte [20]).

§ 7.
Schluß.

Die Erörterungen über Gegenstand und Umfang des Urheberrechts am Film haben noch die Frage offen gelassen, wem dieses Urheberrecht zusteht. Die Personen, die bei der Herstellung des Films

---

20) Vgl. Allfeld, Der Entwurf eines Gesetzes zur Ausführung der revidierten Berner Übereinkunft in DJZ. 15, 1910, Sp. 278 ff.

eine Rolle spielen, sind der Filmfabrikant und der den Apparat bedienende Photograph, der sog. Operateur; hierzu treten — vorzugsweise bei den dramatischen Films — noch der Regisseur bzw. der Urheber des für den Kinematographen gefertigten Werkes. Den Letztgenannten können wir zuerst einmal beiseite lassen und uns ausschließlich dem Fall zuwenden, daß nur der Operateur oder dieser im Verein mit einem Regisseur den Film zusammenstellt im Dienste des Filmfabrikanten. Wem erwachsen aus dieser Tätigkeit Urheberrechte? Die Antwort hängt ab von der Stellung, die man auf dem umstrittenen Gebiete der Urheberrechte von Angestellten einnimmt. Die namentlich von Riezler[1] vertretene Zessionstheorie lehrt, daß, da niemand ein ursprüngliches Urheberrecht durch fremde Tätigkeit erwerben könne, die aus der Urheberschaft der Angestellten erwachsenen Urheberrechte durch eine stillschweigende, im Dienstvertrag begründete Zession auf den Geschäftsherrn übergingen. Ihm gegenüber hat sich heute in weitem Umfang die von Kohler[2] behauptete Stellvertretungstheorie durchgesetzt, wonach — wie bei der Stellvertretung — die Urheberrechte unmittelbar in der Person des Vertretenen, d. h. hier des Geschäftsherrn entstehen. Wichtig wird die Frage nach dem Sub-

---

1) Vgl. Riezler S. 40 ff.
2) Vgl. Kohler S. 228.

jekt der Urheberrechte namentlich bei der Schutzdauer, und in diesem Punkte erweist sich die Kohlersche Ansicht als die brauchbarere, denn es würde zu großen Mißhelligkeiten führen, wenn die Schutzdauer für die in einem Betriebe gemachten Schöpfungen sich berechnete nach dem oft kaum nachzuweisenden Tode irgendwelcher Angestellten, statt einheitlich nach dem des Geschäftsherrn.

Um aufs kinematographische Gebiet zurückzukehren, wird der Operateur selbständig tätig vorzugsweise bei Naturaufnahmen und Massenfilms [3]. Als Vertreter des Filmfabrikanten erwirbt er unmittelbar für diesen Urheberrecht an den einzelnen, den Film bildenden Photographien und damit am ganzen Film. Sobald der Operateur aufhört, selbständig zu arbeiten, kommt er nicht mehr als vertretender Erwerber in Betracht. Diesen Gesichtspunkt finden wir in dem gerade für die Kinematographie wichtigen Urteil des tribunal civil de la Seine vom 10. Februar 1905 im Fall Doyen [4]. Der Chirurge Doyen hatte nach seinen genauen Angaben mehrere seiner Operationen durch den Operateur Parnaland kinematographisch aufnehmen lassen. Der Gerichtshof spricht dem Dr. Doyen das ausschließ-

---

3) Vgl. über die Einleitung Treitel in GRU. 17, 1912, S. 123.
4) Vgl. Droit d'auteur 18, 1905, S. 76, und Maugras und Guégan S. 105 ff.

liche Urheberrecht an dem Film zu, da er alle Anordnungen getroffen und die ganze Sorge dafür getragen habe, daß der Apparat auf die in Betracht kommenden Begebenheiten richtig eingestellt sei, während Parnaland bloßer Gehilfe bei diesen Verrichtungen gewesen sei. In solchen Fällen ist — ebenso wie bei den Verfilmungen — der Regisseur als der Vertreter beim Erwerb der Urheberrechte anzusehen. Sowohl beim Operateur wie beim Regisseur ist aber daran festzuhalten, daß in ihrer Person Urheberrechte nicht entstehen, sondern einzig und allein in der Person ihres Geschäftsherrn, des Filmfabrikanten.

Etwas schwieriger liegen die Verhältnisse bei den Urhebern der eigens für den Kinematographen geschaffenen Werke einerseits, der zu verfilmenden Schriftwerke andererseits. Der oben [5]) angenommene Fall, daß der Verfasser eines Kinostückes unter Umgehung der Schrift seine Schöpfung gleich im Film festhalten läßt, wird stets zu den Seltenheiten gehören. Jedoch ist er denkbar, und dann hat der Verfasser an der im Film niedergelegten Handlung ein Urheberrecht; in dem mit dem Filmfabrikanten auf Aufnahme der Schöpfung gerichteten Vertrag wird stets zugleich ein Aufführungsvertrag liegen. Ob der

---

5) Vgl. oben S. 63.

Filmfabrikant allerdings das Recht der alleinigen Aufführung haben soll, bleibt dahingestellt.

Meistens werden auch die besonders für den Kinematographen verfaßten Werke vor der Aufnahme schriftlich fixiert, so daß wir ein Schriftwerk vor uns haben, zu dessen kinematographischer Wiedergabe die doppelte Erlaubnis des Urhebers zur Aufnahme und zur Aufführung notwendig ist [6]).

Folgende Unterscheidung wird aber zu machen sein: Das Einreichen des für den Kinematographen verfaßten Werkes bei einer Filmfabrik ist als Einladung zur Offerte anzusehen. Der daraufhin dem Verfasser von der Filmfabrik gemachte Vertragsantrag wird häufig einen Passus enthalten, der den Übergang sämtlicher Urheberrechte ausspricht [7]); häufig aber auch nur einfach von der Überlassung des Werkes zur kinematographischen Wiedergabe reden. In diesem Fall soll nach Treitel [7]) der Fabrik das Recht zur ausschließlichen kinematographischen Verwendung übertragen sein; andere Verwendungen, z. B. Umgestaltung des Kinostücks in ein Wortdrama, ständen demnach dem Verfasser frei. Dem Treitelschen Vorschlag ist ebensosehr zuzustimmen, wie seiner Mahnung an die Schriftsteller, genaue Vereinbarungen mit den Fabriken zu treffen.

---

6) Vgl. S. 48.
7) Vgl. Treitel in GRU. 17, 1912, S. 126.

Die vom Verfasser eines Dramas oder einer Erzählung eingeholte Erlaubnis zur kinematographischen Wiedergabe wird sich regelmäßig auf Anfertigung und Projektion des Films erstrecken. Es empfiehlt sich, vor Erteilung der Erlaubnis zur Anfertigung des Films von der Fabrik ein schriftliches Szenarium vorlegen zu lassen oder, falls solches nicht angefertigt wird, der Aufführung nicht eher zuzustimmen, als bis der Film die Billigung des Verfassers gefunden hat[8]).

Auch wenn eine bedingungslose Einwilligung zur Aufnahme und Projektion des Films erklärt wurde, bleiben noch Zweifel darüber bestehen, ob dem Filmfabrikanten das ausschließliche Verwendungsrecht übertragen ist oder nur das einfache, das es dem Verfasser freiläßt, sein Werk auch jeder anderen Fabrik zur Verfilmung zu überantworten[9]). Hierfür allgemeine Regeln aufstellen zu wollen, erscheint nicht zweckdienlich; eine Entscheidung von Fall zu Fall kann leichter das Richtige treffen. Außerdem fangen bereits feste Verkehrsgewohnheiten an, in diese Fragen Klarheit zu bringen. Der Schutzverband deutscher Schriftsteller ist mit der Ausarbeitung eines vorbildlichen Filmvertrages be-

---

8) Vgl. Treitel in GRU. 17, 1912, S. 126.
9) Vgl. Treitel in Jur.W. 41, 1912, S. 570.

schäftigt und bittet seine Mitglieder um Mitteilung von Ratschlägen und etwa bereits gemachten Erfahrungen [10]), so daß bald nur noch ein Vertragsformular auszufüllen sein wird, damit Dichter und Filmfabrikant in gleicher Weise zu ihrem Recht und zu ihrem Lohn kommen.

---

[10] Vgl. Der Schriftsteller, Zeitschrift des Schutzverbandes deutscher Schriftsteller 3, 1913, S. 31.

Printed by Libri Plureos GmbH
in Hamburg, Germany